中国钢琴名曲30首

30 Famous Chinese Piano Pieces

魏廷格编注

Edited by Wei Tingge

人民音乐出版社

People's Music Publishing House

图书在版编目（CIP）数据

中国钢琴名曲 30 首 / 魏廷格编. — 北京：人民音
乐出版社，1996. 4（2014. 3 重印）
ISBN 978 - 7 - 103 - 01343 - 4

Ⅰ. 中…　　Ⅱ. 魏…　　Ⅲ. 钢琴 - 器乐曲 - 中国 - 选集
Ⅳ. J647. 41

中国版本图书馆 CIP 数据核字（2006）第 149775 号

责任编辑：戴于吾
封面设计：徐步功

人民音乐出版社出版发行
（北京市东城区朝阳门内大街甲 55 号　邮政编码：100010）
Http：//www.rymusic.com.cn
E-mail: rmyy@rymusic.com.cn
新华书店北京发行所经销
北京隆昌伟业印刷有限公司印刷
635×927 毫米　　8 开　　22 印张
1996 年 4 月北京第 1 版　2014 年 3 月北京第 20 次印刷
印数：91,186 — 96,685 册　　定价：51.00 元

前　　言

一

　　经过我国几代作曲家创造性的努力，积累了相当数量的中国钢琴曲，能以其民族风格、艺术涵量、技巧运用等方面的品格，在长期、或比较长时间的演奏、教学实践中，显示出了持久的艺术生命力。本书收入的30首作品，就是其中的一部分。

　　将这30首钢琴曲汇集成册，还有以下考虑：

　　1.侧重采用中国固有传统、民间音乐素材编创的作品。这是由于钢琴曲毕竟是外来形式，为使之表现中国人的思想感情、生活风貌并为中国听众的音乐审美心理所认同，尤要注重与中国传统、民间音乐本体直接的结合。以中国各民族文化传统之深广、民间音乐之丰富，有必要继续提倡将其纳入现代多声思维的创作实践之中。

　　2.那些具有永恒魅力的传统、民间音乐，蕴藏着多种多声思维可能性。因此，应当鼓励不同作曲家根据同一素材，使用各自的技法，写出不同的钢琴曲来。这对民族多声思维的探索具有特殊意义。本书收入三首《猜调》就是这个用意。

　　3.中国现代民族音乐多声思维的天地应当是广阔的。故本书曲目，既有以五声纵合、三度叠置和弦为主要多声语言的较为传统风格的作品；也有大量使用不协和音响、远关系调性复合、多调平行进行等等超出单纯五声性手法的更为现代性的多声思维作品；还有并未采用既有传统、民间曲调的作品。

二

　　本书乐曲，都已经在不同的出版物中正式发表过。但以往版本均程度不等地存在以下问题：

　　大多数乐谱无指法标记；

　　有的乐谱的速度、力度、连线、跳音等与正确弹奏有关的标记或不全、或不准、或不确；有的乐谱因笔误而存在错讹之处；

　　有的乐曲在传抄、再版过程中形成了大同小异的不同版本；

　　也有的乐曲，在演奏实践中感到个别地方可以修订得更为完善。

　　这些问题，对于经验丰富的中国钢琴家和教师或许无妨，但对大多数钢琴学生们（尤其是外国人）则难免产生困惑、疑虑。这在一定程度上妨碍了中国钢琴曲更广泛地演奏和流传。

　　为此，编者逐一访问了本书乐曲的13位作者中的10位，信访了1位（唯有关已故朱工一先生和现居澳大利亚的储望华先生的作品，编者则请教了中央音乐学院杨峻教授）。经与作曲家共同研究，审订了作品的最新版本。它与以往版本的主要不同大致为：

　　1.修订、确认了与弹奏有关的（除踏板以外的）所有标记；

　　2.改正了错讹；

3.调整个别记谱法；

4.个别乐曲略有删减；

5.加注供参考的指法；

6.可能出现误解之处予以注释；

7.附有作曲家与作品的简介。

总之，编者力求使本书成为准确、合理、实用、便于理解和弹奏的版本。

三

本书曲目编排以创作时间为序。

音符方面的注释用页注。作曲家与作品简介一并附于全书乐谱之后。

受到编者水平局限，本书难免存在各式各样的问题，有待钢琴专家、学者们指正。

最后，谨对被访问的作曲家们的那种对艺术问题严肃认真、精益求精的精神和与编者坦诚合作的态度，深表敬意和谢意。

魏廷格

1994.12.5

目　　录*

---

　　* 鉴于中国钢琴曲创作中引用既有音乐主题情形之复杂，仅用"改编"或"编曲"已难以准确表述，故本书曲目仅署钢琴曲作者姓名，详情可参见《作曲家与曲目简介》。

CONTENTS

牧童短笛
A Buffalo Boy Playing His Small Flute

贺绿汀

Commodo

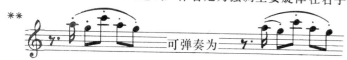

* 开头五小节左手没画连线，作者是为强调主要旋律在右手，但左手仍可按连奏弹奏。

摇 篮 曲
Lullaby

贺绿汀

晚　会
An Evening Get-together

贺绿汀

花　鼓
Flower Drum

瞿　维

第一新疆舞曲
Xinjiang Dance No.1

丁善德

Meno mosso (♩ = 96)

Tempo I.

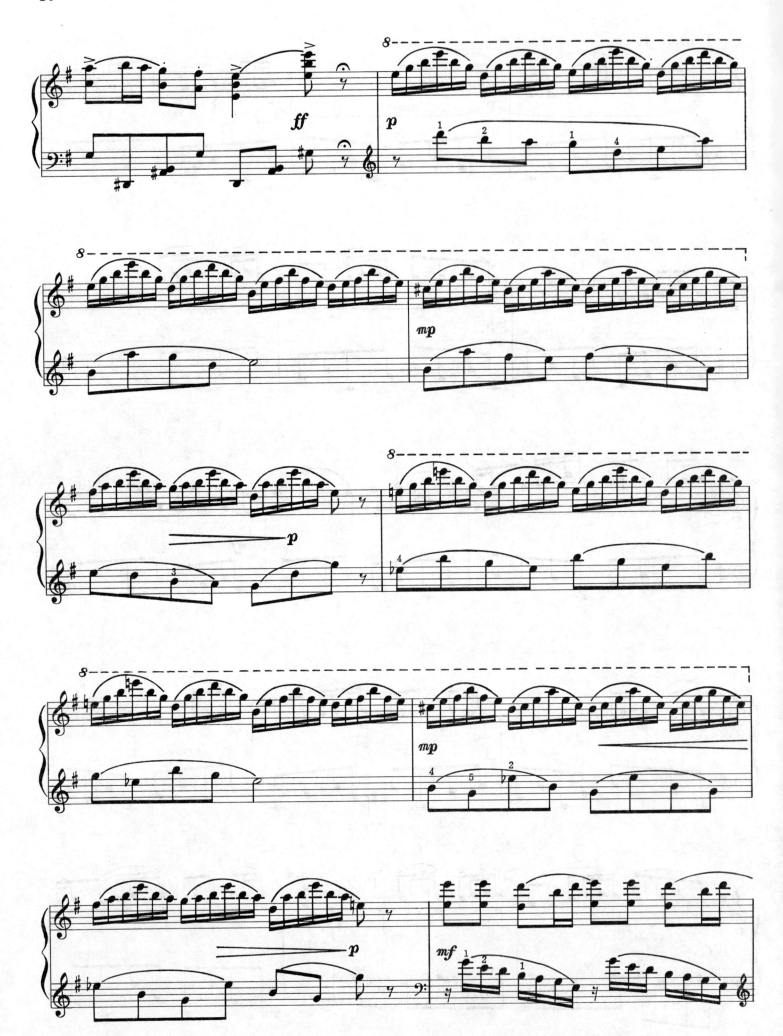

序 曲——小 溪

Overture－Small　Stream

朱工一

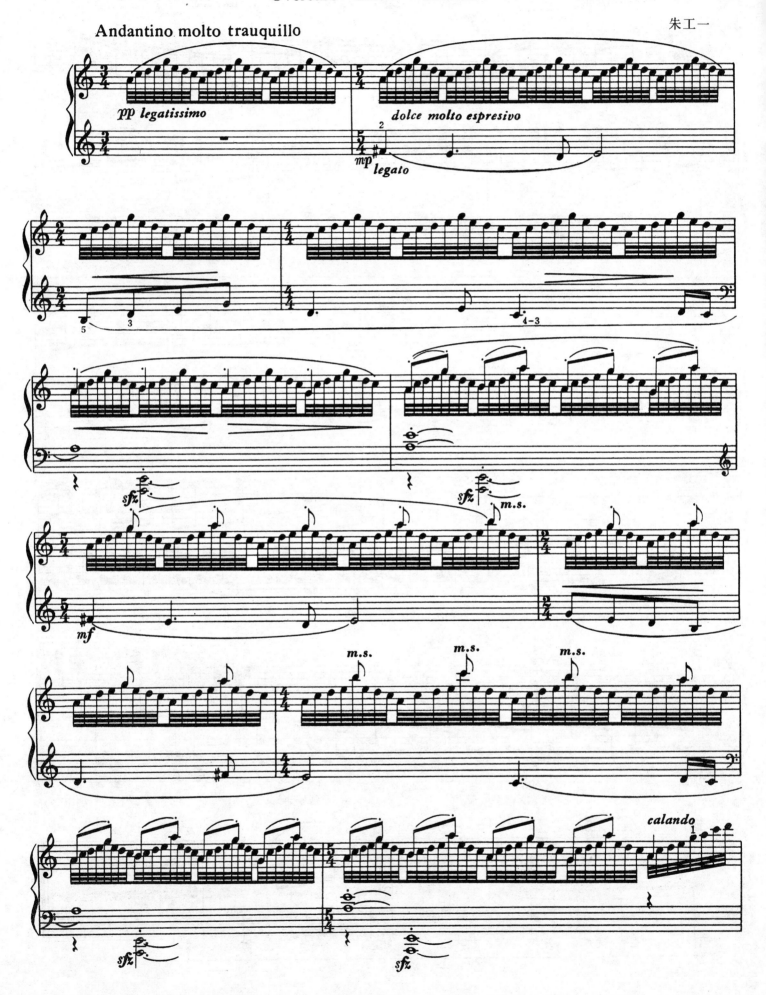

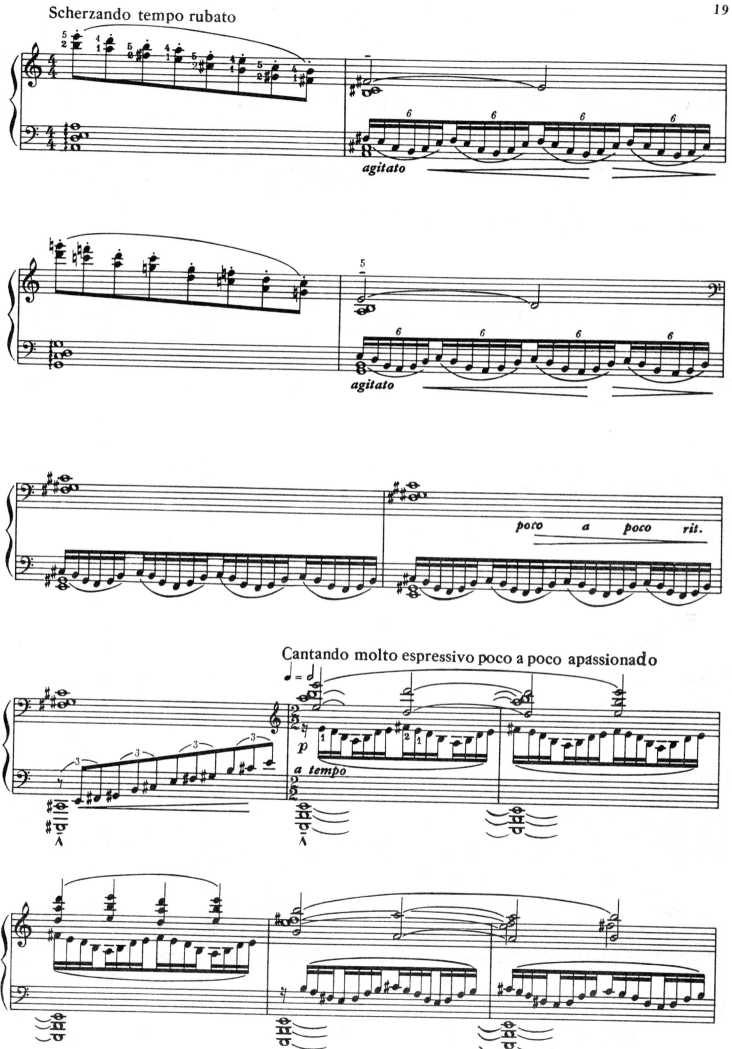

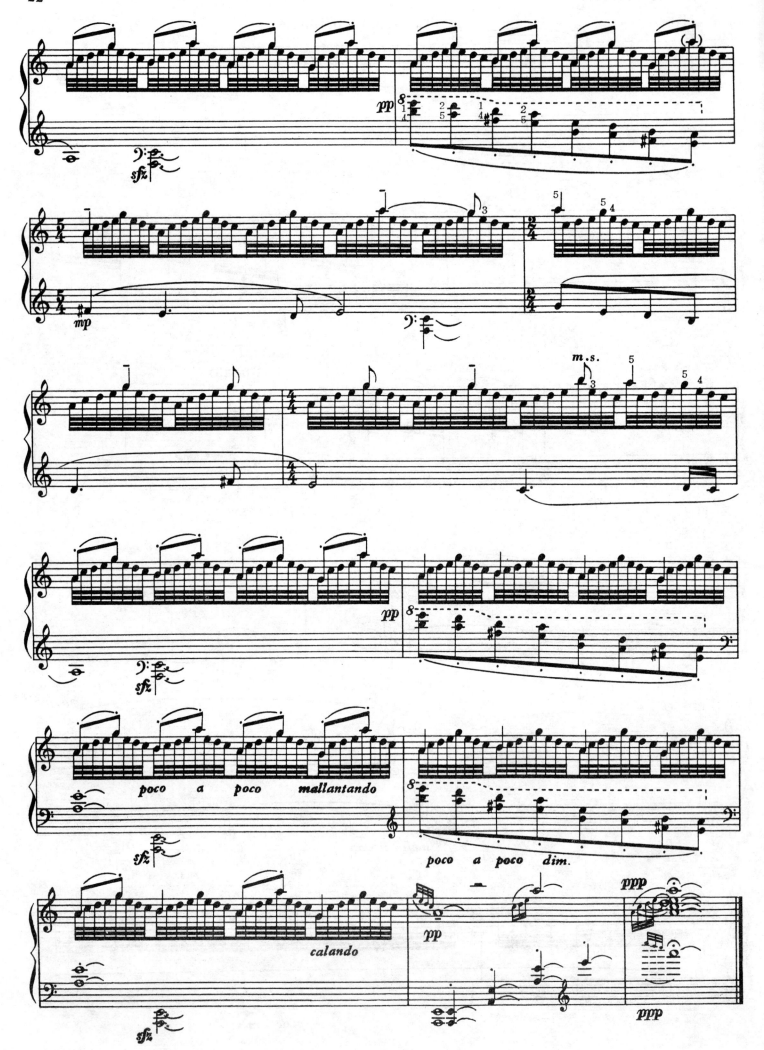

蓝 花 花

Lan Huahua, the Beautiful Girl

汪立三

儿童组曲——快乐的节日

Children Suite—Delightful Holidays

一、郊 外 去

Going to the Suburb

丁善德

Fine

più animato

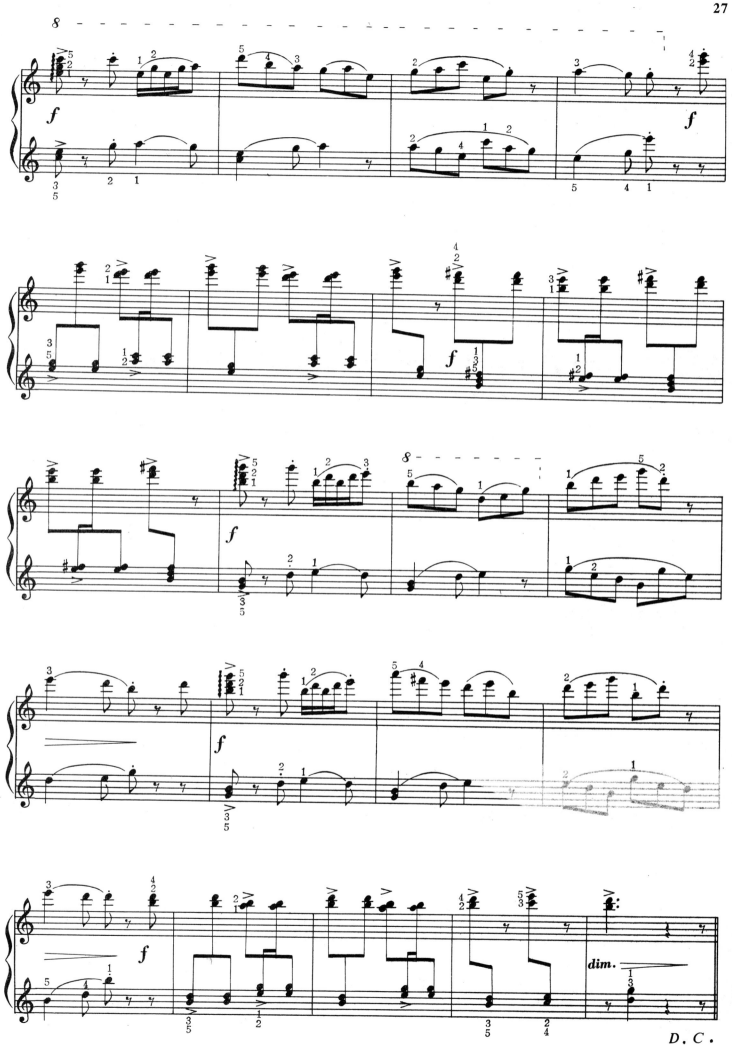

D.C.

二、扑 蝴 蝶

Butterfly Catching

Presto leggiero ($\downarrow$ = 96)

三、跳　　绳
Rope Skipping

32

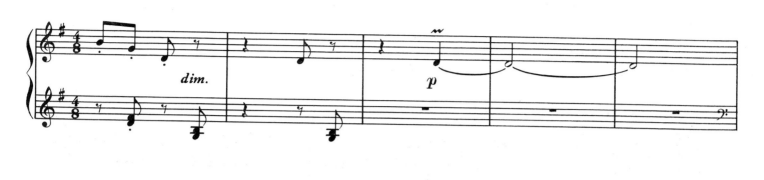

34

四、捉　迷　藏

Hide-and-Seek

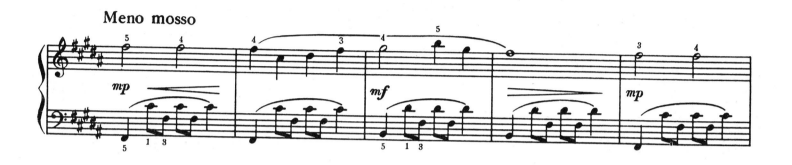

Meno mosso

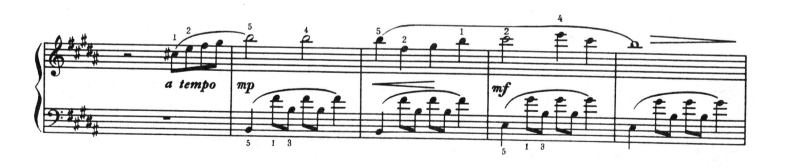

Tempo primo

五、节 日 舞
Dance of Festival

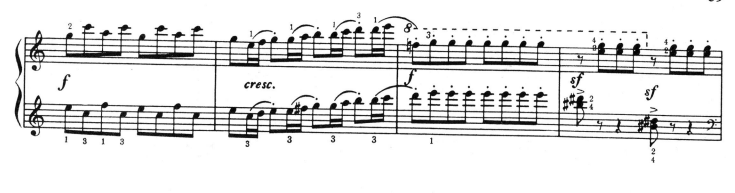

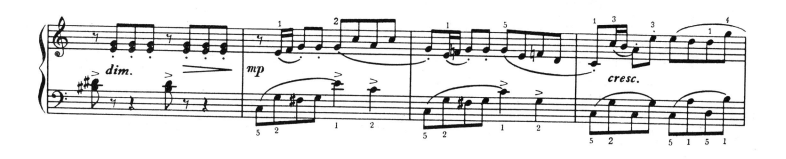

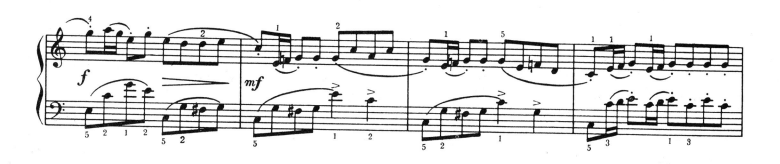

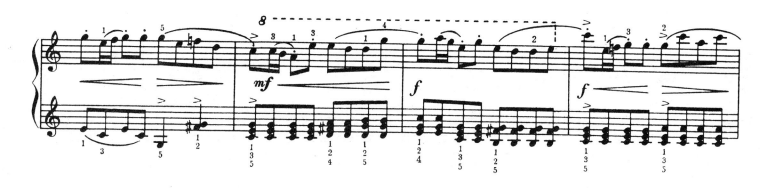

练 习 曲
Etude

杜鸣心

采 茶 扑 蝶
Tea-picking girls Catching Butterflies

刘福安

新 疆 舞 曲
Xinjiang Dance

郭志鸿

56

猜　　调

Quiz Song

王建中

珊 瑚 舞

The Dance of Coral

Allegro (♩ = 152)

杜鸣心

62

水 草 舞
The Dance of Waterweeds

Andantino (♪ = 108)

杜鸣心

翻 身 的 日 子*
Celebrating Our New Life

储望华

*根据朱践耳的同名民族乐队曲编创。

浏 阳 河*
Liuyang River

王建中

*根据唐壁光的同名歌曲旋律编创。

76

Poco più largo

二泉映月 *

The Second Spring Bathed in Moonlight

Andente Cantabile

储望华

* 根据华彦钧的同名二胡曲编创。

百鸟朝凤

A Hundred Birds Paying Respect to the Phoenix

王建中

Allegro Vivace

sempre staccato

A piacere

rall.

*tr⌇⌇⌇⌇⌇ 在 𝄞 与 之间。 **tr⌇⌇⌇ 在 𝄞 与 之间。

Tempo rubato (meno mosso)

梅 花 三 弄
Ode to Plum Blossom

王建中

* 实际音响是 （左手同，下同）。

dolce ($\quad=76$)

mp

Poco Vivo ($\quad=80$)

p

mf

Con civetteria

96

Animando (♩=126)

Molto Vivace

山丹丹开花红艳艳

Glowing Red Morningstar Lilies

王建中

绣 金 匾

Embroiding a Golden Silk Banner

Andante

王建中

mp

mf

non legato

A tempo

彩 云 追 月*

Silver Clouds Chasing the Moon

王 建中

Moderato Chiaramente

* 根据任光的同名民族乐队曲编创。

112

平湖秋月*
Autumn Moon Over the Calm Lake

Lento

陈培勋

*根据吕文成的同名粤曲编创。

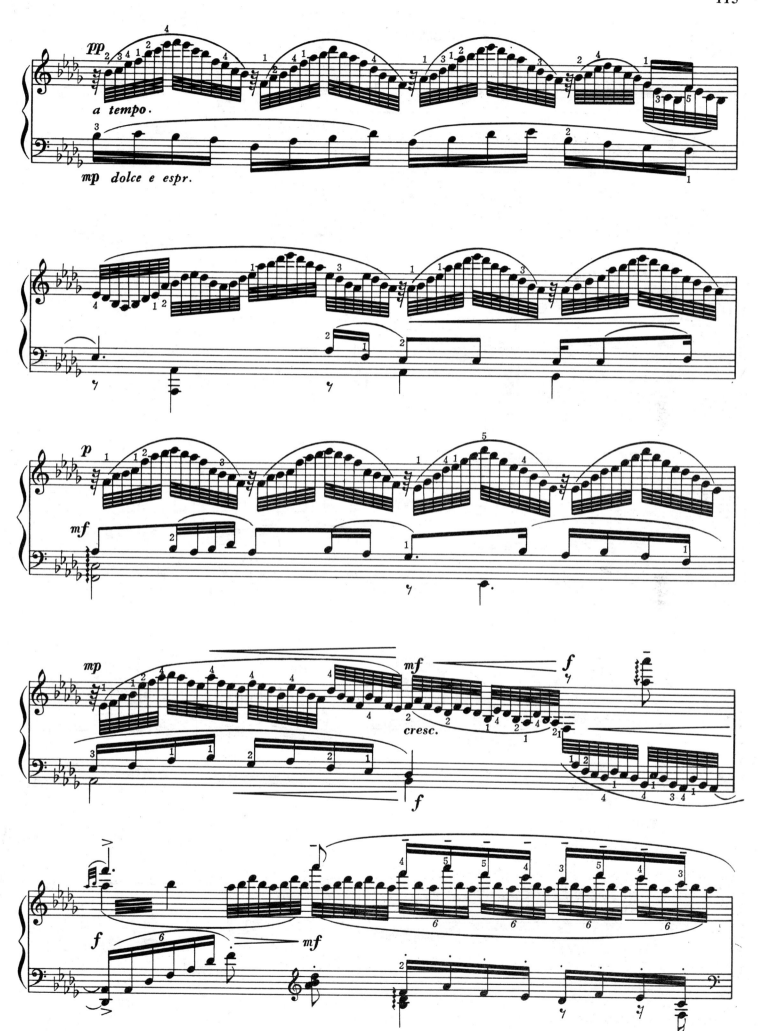

快乐的女战士
The Happy Woman Soldiers

杜鸣心

奋勇前进
Forging Ahead

杜鸣心

Allegro Vivo

* 以下一段的主要旋律，引自黄准的电影歌曲《娘子军连歌》的曲调。

夕 阳 箫 鼓
Music at Sunset

黎英海

Tempo a piacere

Moderato

兄 妹 开 荒[*]

Brother and Sister Reclaiming the Wastelands

汪立三

* 根据安波的同名秧歌剧编创。

Innocente

Umore e poco strasciato

a tempo

Adirato ma non feroce

涛　声
The Sound of Big Waves

古老的唐招提寺啊!
我遥想
一苇远航者的精诚,
似闻天风海浪
化入暮鼓晨钟。

汪立三

Maestoso ♩=46

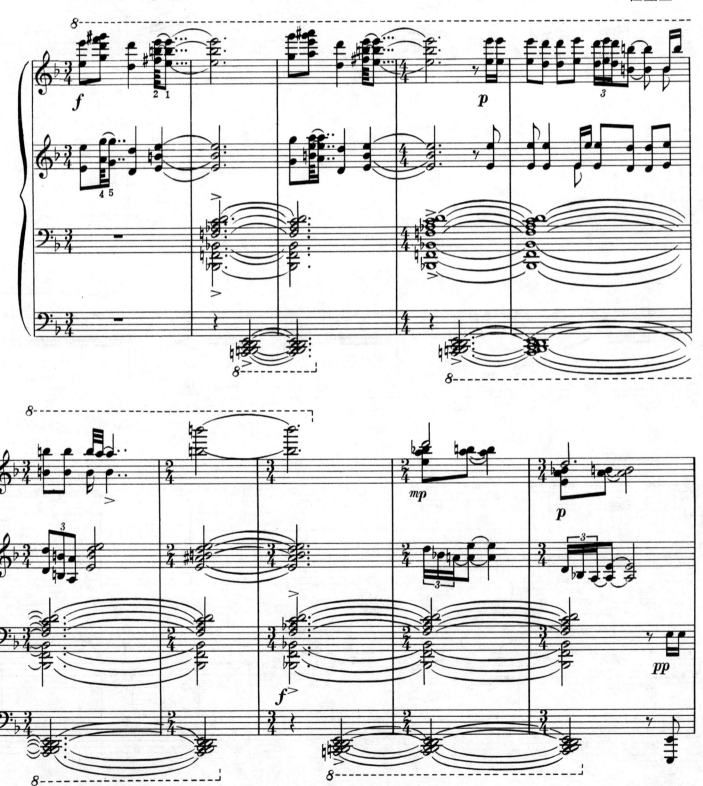

猜　调
Quiz Song

储望华

猜　　调

Quiz Song

朱践耳

作曲家与作品简介①

魏廷格

1. 贺绿汀与本书收入的三首作品。

贺绿汀，生于1903年。 1931年入上海国立音乐专科学校，师从黄自学习作曲。 早在 30 年代已写有许多深受欢迎的电影音乐。1937年后曾在上海救亡演剧一队、育才学校、中央训练团音乐干部训练班等处工作。1949年后任上海音乐学院院长。出版有《贺绿汀钢琴曲集》、《管弦乐曲二首——晚会、森吉德玛》、《贺绿汀独唱歌曲集》、《贺绿汀歌曲选》、《贺绿汀音乐论文选集》等音乐作品和论著。

《牧童短笛》，写于1934年。原名《牧童之笛》。后依民谣"小牧童，骑牛背，短笛无腔信口吹"，改名《牧童短笛》。该曲是参加同年美籍俄罗斯作曲家、钢琴家齐尔品（A.N.Tcherepnin, 1899－1977）委托上海国立音专举办的"征求中国风味钢琴曲"评比活动的应征并荣获第一奖的作品。作品借鉴了欧洲古典复调、和声的某些基本原则，并加以变化， 使之适合中国调式风格和中国听众的审美心理， 成为最早的具有成熟中国风格的中国钢琴曲。经齐尔品亲自演奏并在国外出版，也是最早的走向国际乐坛的中国钢琴曲。该曲借 鉴 西方音乐形式而又不拘泥于西方规范，产生出真正的新的中国风格，不仅从实践上确立了中国钢琴曲这一新形式，而且也对整个中国现代专业音乐创作产生了深远的影响。

《摇篮曲》，写于1934年， 与《牧童短笛》同为"征求中国风味钢琴曲"的应征作品。该曲获"名誉二等奖"。所谓"名誉"，是指作者已得到《牧童短笛》头奖的奖金，故此曲不再发奖金，谓之"名誉"。此曲以分解和弦织体为主。作者巧妙地将和声的丰满性与民族调式风格融为一体。

《晚会》，写于1935年。此曲除继续显示出作者将多声思维与民族调式风格相结合的技巧外， 还有两点值得注意：一是在曲式上， 虽有再现性，却不像《牧童短笛》、《摇篮曲》是典型的有再现的三部曲式；而是更像几个小乐段的结合却又一气呵成的结构。二是节奏上， 切分节奏的连续和非节拍重音的强奏， 产生出民间打击乐的节奏特性。这两点，说明作者是在音乐要素的更多方面追求钢琴曲的中国风格。

2. 瞿维与《花鼓》。

瞿维，生于1917年。1933年入上海新华艺术专科学校师范系，1935年毕业。后曾在延安鲁艺任助教。1955－1959年在莫斯科柴科夫斯基音乐学院作曲系学习。回国后任上海交响乐团专职作曲。创作有交响诗《人民英雄纪念碑》等十余部交响音乐、室内乐、电影音乐作品，出版了《瞿维钢琴曲集》。他是歌剧《白毛女》的作曲者之一， 还写有大合唱及歌曲等声乐作品。

《花鼓》，写于1946年。乐曲表现了带有民间、民俗性的歌舞场面中热烈欢腾、优美（中段）喜悦的情绪。第一段主题音调来自安徽民歌《凤阳花鼓》。中段则有广为流传的民间小调《茉莉花》的音调。但二者都不是原样引用，而是经作曲家的创造性思维， 将其变化、展衍、糅合进贯穿发展的整体结构之中。 此曲无论在瞿维的钢琴曲中， 还是在中国钢琴史上都占有重要地位。

3. 丁善德与本书收入的两首作品。

丁善德，生于1911年。1928年入上海国立音乐学院。初学琵琶,后改钢琴,师从萨哈罗夫（B.Zakharoff）。

1935年毕业后历任天津女子师范学院钢琴教授、上海私立音乐专科学校校长、南京国立音乐学院教授等职。期间，曾向弗兰克尔（W.Frankel）学作曲。1947年赴法国巴黎音乐学院学作曲，师从布朗热（N.Boulonger）等多位教授。1949年回国后任上海音乐学院教授、副院长。创作有交响乐《长征》、大合唱《黄浦江颂》等多部大型音乐作品，出版了《丁善德钢琴曲集》、《丁善德艺术歌曲集》等曲集，以及《复对位法大纲》、《赋格写作技术纲要》、《作曲技法探索》等理论专著。

《第一新疆舞曲》，写于1950年。早在丁善德赴法留学前，曾看到过戴爱莲表演的舞蹈《马车夫之歌》，对其音乐留下很深的印象。《马车夫之歌》 是戴爱莲根据新疆维吾尔族民间歌舞创编的。丁善德将其主要旋律用作钢琴曲第一段及再现部分的主题。中间段落则为作曲家独立创作。乐曲十分巧妙地使用了大量不协和音和多变的复合节奏，表现出西北边陲音乐鲜明、艳丽的色彩。此曲无论在技法探索上或兄弟民族音乐宝库的开掘上，都有重要意义。

《儿童组曲——快乐的节日》，写于1953年。当时作曲家经常看到儿童郊外远足，有感于那种愉快、兴奋的情景而创作。乐曲生动形象、维妙维肖地描写了儿童生活的五个场景；同时，音乐又不局限于儿童的意义，成年的弹奏者和欣赏者也会从中唤起美好的回忆。该曲是不直接引用民间曲调而体现了民族风格的成功创作。

4.朱工一与《序曲——小溪》。

朱工一（1922－1986），自幼从父学音乐。后师从梅百器（M.Paci）学钢琴和指挥。曾从事钢琴、室内乐演奏、指挥、作曲等艺术实践活动。1946年任北平艺专音乐系副教授。1950年后任教于中央音乐学院钢琴系，先后任教研室主任、教授、副系主任、代理主任。他培养了相当数量的包括一些国际比赛获奖者在内的中国钢琴界的骨干力量；他多次出任国际钢琴比赛的评委；还写有若干音乐作品，如三首钢琴序曲、与储望华合写的钢琴协奏曲《南海儿女》等。

《序曲——小溪》，写于1952年，是朱工一的三首序曲之一。此曲调式风格在当时颇具新意，它以A羽调式色彩为主，同时又与多种调式、调性相溶合。和声上也是将五声性色彩与非五声性相结合以达到多声丰富性。音乐开始仿佛清幽小溪的流动，逐渐演化出奔腾和激越的形象，最后又流向无尽的远方。

5.汪立三与本书收入的三首作品。

汪立三，生于1933年。1951年入上海音乐学院作曲系，1959年毕业，同年到黑龙江省佳木斯合江农垦局文工团工作。1963年到哈尔滨艺术学院任教。现任哈尔滨师范大学艺术学院院长、教授。他写有《蓝花花》、《小奏鸣曲》、《兄妹开荒》、《"东山魁夷画意"组曲》、《他山集——序曲与赋格五首》、《童心集》、《梦天》等钢琴独奏曲。

《蓝花花》，写于1952年。主题为同名陕北民歌。乐曲运用变奏性手法，同时又是贯穿一气、富于逻辑地将纯朴、优美和抗争、悲愤等多种情绪纳入整体结构之中。

《兄妹开荒》，写于1978年。主题来自安波的同名秧歌剧。钢琴织体中含有小二度、大七度、增八度等尖锐的不协和音程，还有首次出现于中国钢琴曲中的小二度密集叠置的"音块"，表现出略带粗犷、散发出泥土气的民间音乐趣味。

《涛声》，写于1979年。此曲是《"东山魁夷画意"组曲》的第四乐章。东山魁夷为日本现代画家。汪立三在观赏了他那清高、冷峻风格的画作后，创作了这部钢琴组曲。从《涛声》标题下作曲家的题诗（见曲谱）中透露出乐曲所要表达的艺术内容：唐招提寺为我国古代高僧鉴真在日本所建。"远航者的精诚"自然是指大师多次东渡日本终于成功那一富于传奇色彩的历史事件。钢琴曲的主要主题带有中国古典风格,仿佛是"鉴真精神"的再现。 同时,还用日本传统音乐音调显现出特定的历史、民族的环境和背景。 为表现作曲家那些丰富的想象、浓烈的情感和哲理性的思绪以及"天风海浪"、"暮鼓晨钟"这些动人心魄的形象,乐曲使用了远关系不同调性的复合、多达五个调性的平行进行、浓重的音块等等技法。

6.杜鸣心与本书收入的五首作品。

杜鸣心,生于1928年。1939-1948年就学于陶行知育才学校, 师从范继森、吴乐懿、黎国荃、贺绿汀学习钢琴、小提琴和音乐理论。1954-1958年赴莫斯科柴科夫斯基音乐学院从楚拉基(M.Chulaki)学作曲。回国后任教于中央音乐学院作曲系,先后任讲师、教授、系主任。他与吴祖强合作了舞剧《鱼美人》的音乐;与吴祖强、戴宏威、施万春、王燕樵合写了《红色娘子军》的音乐。还写有《洛神》、《祖国的南海》、两部《小提琴协奏曲》、两部《钢琴协奏曲》等交响音乐作品,《练习曲》、《变奏曲》、《舞剧〈红色娘子军〉组曲》和《舞剧〈鱼美人〉选曲》等钢琴曲,以及相当数量的电影音乐、歌曲等作品。

《练习曲》,写于1955年。此曲在较多的转调中实现了五声风格的丰富性,是最早的将钢琴的技术性与艺术性成功结合的中国钢琴练习曲。

《珊瑚舞》与《水草舞》,写于1959年。二曲原为舞剧 《鱼美人》中的音乐(与吴祖强合作),这两首钢琴曲则为杜鸣心所作。 舞剧描写的是大海的公主鱼美人与青年猎人的爱情及战胜邪恶势力的故事。 这两首钢琴曲,一首欢快、轻巧,一首优美、雅致。同时, 又都有神话题材作品中那种几分精灵、少许"奇异"的趣味。

《快乐的女战士》和《奋勇前进》,两曲原为舞剧《红色娘子军》的音乐。舞剧描写了一个党领导下的妇女连队的斗争故事。钢琴曲写于1975年。由于在"文革"的特殊年代,作曲家在技法、风格上多受制约。作曲家正是在一定的约限之下写出了这两首超出某种局限,获得了长久艺术生命力的钢琴曲。

7.刘福安与《采茶扑蝶》。

刘福安,生于1927年。 1944年入国立音乐学院分院,从邓尔敬、钱仁康学习音乐理论、作曲。1956-1958年就学于上海音乐学院, 毕业后留校任教。 写有《安徽民歌主题随想曲》等管弦乐作品、若干部电影音乐、钢琴曲《采茶扑蝶》、大合唱和歌曲等作品。 著有《民族化复调写作》。

《采茶扑蝶》,写于1956年。乐曲主题为福建民间歌舞《采茶灯》的曲调。钢琴曲仿佛由一阵热烈的民间锣鼓开场,接着就是花样翻新的舞蹈场面。 乐曲保持了民间音乐的单纯、质朴性, 同时又饶有风趣,非常易于广大听众理解。

8.郭志鸿与《新疆舞曲》。

郭志鸿,生于1932年。 1955年毕业于中央音乐学院钢琴系。 同年参加世界青年联欢节钢琴比赛并获奖。1957年作为研究生毕业留校,先后任副教授、教授。写有《喜相逢》、《新疆舞曲》等多首钢琴曲。

《新疆舞曲》,写于1957年。乐曲根据哈萨克族音乐素材写成。音调、节奏及和声都富有新疆特色。 钢琴织体简练,充满动力性。中间对比的段落抒情并带有幻想色调。乐曲总的性格则明快、奔放、热烈。

9.王建中与本书收入的七首作品。

王建中,生于1933年。1958年毕业于上海音乐学院作曲系。后留校任教,现任教授、副院长。他写有《云南民歌五首》、《浏阳河》、《百鸟朝凤》、《梅花三弄》、《陕北民歌四首》、《彩云追月》、《情景》等钢琴曲。

《猜调》，原为流传于云南彝族地区的同名民歌，后在汉族民间也广为传唱。歌词内容是猜谜。一段问谜，次段答谜。既有巧妙问答的机智，也是演唱技巧的显示。钢琴曲写于1958年，为《云南民歌五首》之一，强调出诙谐、机敏、愉快的情趣。

《浏阳河》，原为唐壁光创作的同名歌曲，长期误为湖南民歌。钢琴曲写于1972年。乐曲十分优美，有如人们流连忘返于美好、秀丽的湖南山水之中。

《百鸟朝凤》，原为同名民间唢呐曲。钢琴曲写于1973年，通过多种巧妙的装饰音与富于民间色彩的和声结合，将百鸟争鸣的欢跃情景栩栩如生地再现了出来。受到民间唢呐吹奏法启发而创造的钢琴织体，散发出浓郁的民间情趣的芳香。

《梅花三弄》，写于1973年。主题取自同名古琴曲。古琴曲《梅花三弄》曲谱最早见于明代《神奇秘谱》。"梅花"象征着中国古代文人高洁、脱俗的品格。"三弄"则是主要主题在多段体结构中重复了三次。钢琴曲《梅花三弄》在保持古琴曲清高、瑰美格调的基础上，在旋律、曲体、和声、织体等方面都有创造性的发展，开掘出更为丰满、感人的艺术境界。

《山丹丹开花红艳艳》和《绣金匾》，均写于1974年，为《陕北民歌四首》中的两首。主题都是陕北民歌。钢琴曲细心地保持民歌调式风格，创造了十分优美、亲切的钢琴织体。

《彩云追月》，原为任光写于1935年的同名民族器乐曲，其曲调广为流传。钢琴曲写于1975年。和声纯朴，织体华美，且有美丽月色的联想，颇受广大听众喜爱。

10.储望华与本书收入的三首作品。

储望华，生于1941年。1963年毕业于中央音乐学院钢琴系。后留校任教，现居澳大利亚。写有《前奏曲二首》、《江南情景组曲》、《变奏曲》、《解放区的天》、《翻身的日子》、《二泉映月》、《浏阳河》、《南海小哨兵》、《红星闪闪放光彩》、《猜调》、《奏鸣曲》等钢琴曲。还参与了《钢琴协奏曲"黄河"》的写作，与朱工一合写了《钢琴协奏曲"南海儿女"》。

《翻身的日子》，原为朱践耳写的同名民族器乐曲。钢琴曲写于1964年。高音区小二度和音，听来酷似板胡的滑指韵味。华丽而又生气勃勃的钢琴织体，畅快淋漓地表达出兴高采烈的情绪，深受广大听众欢迎。

《二泉映月》，原为华彦钧的同名二胡曲。也是具有最高艺术成就的二胡曲之一。仅在一条单旋律里，表现出那么深沉、凄哀、愤然的心情；同时又是那么美丽动人、勾魂摄魄。钢琴曲写于1972年。仅就曲调而言，在钢琴或任何乐器上恐怕都难以再现出二胡的魅力来。但钢琴曲也有它的长处：通过丰富而又充满情愫的多声结合，将单线条中那未尽之言、未达之意，从立体关系中同步地表现出来。

《猜调》，原为同名民歌②。钢琴曲写于七十年代末，1985年出版。乐曲里《猜调》主题出现四次，每次都是♭B徵调；但织体、和声每次都有变化，在风趣之中派生出粗犷的力度。大量的变音和声反映出民族多声思维的深化。

11.陈培勋与《平湖秋月》。

陈培勋，生于1921年。1939年入上海国立音乐专科学校作曲系，1941年毕业。后曾在若干艺术院校任教。1949年后在中央音乐学院作曲系任教授。写有《第一交响曲"我的祖国"》、《第二交响曲》等等交响音乐作品，以及《广东音乐主题钢琴曲四首》、《平湖秋月》等钢琴曲。

《平湖秋月》，原为吕文成创作的同名粤曲（又名《醉太平》），是 30 年代早已流行的著名广东音乐乐曲之一。为表达作曲家游览杭州西湖时的感触，乐曲也吸收了江浙一带的民间音调。钢琴曲写于1975年，是陈培勋的代表性钢琴曲。明丽、华美的色彩和丰满的和声背景，将迷人的湖光月色如诗如画地描绘了出来。乐曲颇有印象派音乐的韵味，但完全是中国式的。

12.黎英海与《夕阳箫鼓》。

黎英海，生于1927年。1948年毕业于南京国立音乐学院作曲系。1949年后先在上海音乐学院任教，后任中国音乐学院副院长、教授。他对民族调式多声风格问题进行过比较深入地研究，著有《汉族调式及其和声》一书。写有《民歌小曲五十首》、《夕阳箫鼓》、《阳关三叠》等钢琴曲以及钢琴教材《五声音阶钢琴指法练习》。还写有多部电影、舞剧、话剧音乐，大量歌曲，并为许多民歌配写钢琴伴奏。

《夕阳箫鼓》，原为琵琶古曲，亦名《浔阳琵琶》、《浔阳月夜》、《浔阳曲》。二十年代被改编为丝竹乐合奏时又名《春江花月夜》，是以优美、抒情为基调的多段体传统名曲。钢琴曲写于1975年，但几次再版时都有修订。钢琴曲在曲体上从现代听众的审美意识出发，突出主要对比因素，削弱小的段落感，注重音乐思维贯穿发展的逻辑性，反映出现代的音乐审美意识；而五声性的多声织体，又使音乐散发出古香古色的传统审美气息。

13.朱践耳与《猜调》。

朱践耳，生于1922年。早年自学音乐，也曾私人拜师学和声。后到部队文艺团体工作。1949年后曾在几家电影制片厂从事电影音乐写作。1955－1960年赴莫斯科柴科夫斯基音乐学院学作曲。回国后先后在上海歌剧院、上海交响乐团任作曲。写有多部交响曲、唢呐协奏曲《天乐》等交响音乐作品，《序曲第一号"告诉你"》、《序曲第二号"流水"》、《叙事诗"思凡"》、《主题与变奏》、《云南民歌五首》等钢琴曲，多部电影音乐，以及许多广为传唱的歌曲等作品。

《猜调》，原为同名民歌③。钢琴曲写于1982年，为《云南民歌五首》之一。乐曲使用了双手小二度调关系的复合和三条旋律线平行进行的带有现代性的手法。在托卡塔式的进行中，使原民歌的诙谐、风趣、幽默之中，又增添了奇巧、火热的气氛。

注 释

① "简介"按作曲家名字在目录中初次出现的顺序排列。一位作曲家的多首作品则与该作曲家一并介绍。
有关作曲家的内容，编者参阅了以下辞书：
《中国音乐辞典》（人民音乐出版社，1984年版）；
《中国音乐辞典（续编）》（人民音乐出版社，1992年版）；
《中国大百科全书（音乐舞蹈卷）》（中国大百科全书出版社，1989年版）；
《音乐欣赏手册》（上海文艺出版社，1981年版）；
《中国音乐家名录》（广西人民出版社，1990年版）。
② ③ 民歌《猜调》，见王建中作品简介中的有关内容。